Michel Carayon

Psychothérapie émotionnelle

Michel Carayon

Psychothérapie émotionnelle

Éditions Vie

Imprint
Any brand names and product names mentioned in this book are subject to trademark, brand or patent protection and are trademarks or registered trademarks of their respective holders. The use of brand names, product names, common names, trade names, product descriptions etc. even without a particular marking in this work is in no way to be construed to mean that such names may be regarded as unrestricted in respect of trademark and brand protection legislation and could thus be used by anyone.

Cover image: www.ingimage.com

Publisher:
Éditions Vie
is a trademark of
International Book Market Service Ltd., member of OmniScriptum Publishing Group
17 Meldrum Street, Beau Bassin 71504, Mauritius

Printed at: see last page
ISBN: 978-613-9-58960-9

psychothérapie émotionnelle

pour qui ?
pourquoi ?
comment ?

Nous avons écrit cette brochure dans un esprit d'information. Elle s'adresse en priorité à vous qui cherchez un moyen de résoudre vos difficultés.

Vous y trouverez la description de la technique que nous employons et ce que vous pouvez en attendre.

Nous avons essayé d'être clairs et d'employer un langage simple, accessible à tous.

Ce livre est librement téléchargeable sur le site
http://www.memotherapie.net/

SOMMAIRE

INTRODUCTION

Cette brochure s'adresse d'abord à vous qui êtes «mal dans votre peau», qui souffrez. Un malaise qui peut être plus ou moins déclaré : impuissance sexuelle, frigidité, état dépressif, maladies psychosomatiques, c'est à dire maladies physiques dues à des causes psychiques, ou difficultés affectives et professionnelles dans vos relations avec les autres. Le but de ces quelques lignes est de vous encourager à demander de l'aide dans une situation dont vous n'arrivez pas à sortir seul. Nous sommes là pour vous aider et non pour vous juger.

Le principal obstacle à votre démarche, c'est votre peur qui va créer mille bonnes raisons de ne rien faire, et pendant ce temps là vous souffrez toujours. La peur n'est ni dégradante ni humiliante, c'est une émotion qui comme tous les émotions est humaine et dont vous pouvez apprendre à vous libérer. La psychothérapie émotionnelle peut vous donner les moyens de remonter aux causes de vos problèmes et de vous défaire de leurs effets.

Pour cela il est nécessaire que vous en ayez le désir et que vous acceptiez de payer un prix qui ne se limite pas à de l'argent; c'est à dire du temps, de la régularité dans votre démarche, des moments difficiles. Comme le dit le proverbe «aides-toi, le ciel t'aidera»...

Pourquoi une psychothérapie

Les motivations

Plusieurs conditions préalables nous semblent indispensables pour faire son profit d'une psychothérapie :

- être conscient que la source de vos problèmes est en vous et non chez les autres. Cela implique que vous vous sentiez responsables, même si vous ne comprenez pas comment ni pourquoi. Nous disons bien **responsables** et non **coupables**. Il ne s'agit pas de se dire «c'est de ma faute si mon mari me trompe», mais «il y a en moi un mécanisme incontrôlé qui me fait aimer des hommes qui me délaissent». Si l'origine de vos difficultés est en vous, vous y pouvez donc quelque chose.
- la nécessité d'une démarche personnelle et le désir de vous prendre en charge. C'est une attitude différente de celle qui consiste à demander au spécialiste ou au médicament de soulager votre angoisse. Si le médicament a le mérite de supprimer les effets, par contre il n'agit pas sur la cause, ce qui veut dire que le problème peut resurgir autrement et ailleurs. En psychothérapie émotionnelle au contraire nous considérons le symptôme non comme une manifestation gênante à éliminer mais comme un message à écouter. Permettre à la souffrance de s'exprimer libère de l'énergie et donne à l'esprit et au corps les moyens de retrouver leurs capacités d'évolution et d'adaptation. Nous pensons néanmoins que le médicament a son utilité s'il est considéré, dans le cadre de maladies psychosomatiques, comme une aide momentanée et non comme une solution.

Les origines de nos difficultés

Certains d'entre vous connaissent au moins en partie les causes de leurs troubles, les analysent et les comprennent :
«J'ai eu une naissance difficile aux forceps, mon enfance et mon adolescence ont été malheureuses, et aujourd'hui je suis influencé, programmé par ce passé difficile, je me sens mal dans ma peau». Pour vous, peut-être n'est-ce pas aussi évident : vous réagissez violemment à la moindre réflexion, vous avez des migraines lancinantes qu'aucune analyse médicale ne justifie, vous souffrez, mais vous ne faites pas le lien avec des situations et des faits précédents. Que vous en ayez conscience ou non, votre état d'être dépend de facteurs héréditaires et de votre histoire personnelle.

A la naissance déjà nous enregistrons une première expérience plus ou moins traumatisante suivant le cas : très forte pression des muscles de l'utérus sur notre corps, expulsion, manipulations par des mains étrangères, section du cordon ombilical, première séparation de notre mère. Nous grandissons, et nos moyens d'appréhension du monde se diversifient. Jusqu'à l'âge de la parole, environ deux à trois ans, nos modes de mémoire sont à la mesure du développement de notre organisme. Nous enregistrons alors nos expériences dans une mémoire sensorielle et émotionnelle. Au-delà de cet âge, la parole, les mots donnent à l'enfant un moyen de plus de communiquer, de connaître, d'apprendre, de se souvenir. Parallèlement se développe une autre mémoire que l'on peut qualifier d'intellectuelle ou de symbolique.

Nous avons donc différentes mémoires qui ont des interactions entre elles et qui jouent toutes un rôle déterminant sur la constitution de notre personnalité et sur notre façon de voir le monde. Entre ces différents modes de connaissance apparaissent des conflits intérieurs de plus en plus complexes. C'est à dire un décalage, une opposition entre ce que l'on nous dit, ce que nous voyons, et ce que nous sentons. «Papa veut que je le respecte, mais il injurie maman; j'ai besoin d'amour, mais mes parents sont distants; j'ai peur, mon père se moque de moi».

Alors progressivement s'installe à notre insu le processus du refoulement, je réfrène mes envies, mes besoins, mes peurs, mes colères, ma haine, ma joie, ma peine, etc. Et je cherche, à mon insu, à justifier avec des pensées et des actes, ce qui me fait mal. «Si papa et maman sont loin de moi, c'est que je dois être coupable de quelque chose de grave; si j'ai peur, c'est que je suis lâche.» Ou encore je fais toutes sortes de «bêtises» pour justifier le rejet de mes parents. Je ne peux supporter, enfant, d'être en contact avec une réalité qui me fait mal et que je ne peux changer. Pour préserver mon équilibre je me donne l'illusion de contrôler les évènements, de les expliquer, quitte à me couper de ce que je sens.

Parallèlement commence une dévalorisation de nous-mêmes pour expliquer notre manque d'amour, notre douleur, notre peur. Tout en perdant le contact avec nous-mêmes, nous le perdons aussi avec les autres car nous les voyons à travers nos refoulements, nos jugements, nos conflits affectifs. Nous ne vivons plus dans le présent mais par référence inconsciente à des situations passées. Nous nous sentons incompris et à part.

En apprenant à nous connaître et à mieux nous aimer, nous nous découvrons tels que nous sommes et non tels que nos parents et notre entourage nous voulaient. Par voie de conséquence nous découvrons les autres tels qu'ils sont et non pas tels que nous les voulons.

Il ne s'agit pas de retrouver un être idéalement «naturel» au delà des diverses contraintes subies, car ce serait encore poursuivre une illusion. Le but est de reprendre contact avec nos racines, d'intégrer positivement notre histoire, avec ses manques, ses particularités, ses richesses. Nous avons tous reçu de notre famille au sens large un héritage culturel, affectif, physiologique, et le renier ou le dévaloriser se ferait à nos dépens.

Prendre l'héritage, le transformer, le faire fructifier, tel est le chemin que l'adulte d'aujourd'hui peut faire dans une psychothérapie.

Les réponses de la psychothérapie émotionnelle

On peut dire que la psychothérapie a commencé à être reconnue comme une méthode de soins à l'époque de Freud. Auparavant, elle existait sans doute sans qu'on lui donne de nom ou qu'on cherche à analyser ses mécanismes. Depuis Freud, on peut considérer qu'elle se divise grosso modo en deux courants principaux. Le premier, issu de la psychanalyse, est axé sur un échange uniquement verbal entre patient et thérapeute. L'autre regroupe l'ensemble des techniques de psychologie humaniste qui donnent une place centrale au corps et au ressenti émotionnel (gestalt, bioénergie, thérapie primale, rolfing, végétothérapie, massages, etc.).

La psychothérapie émotionnelle est issue de ce second mouvement. Très proche du primal dans ses débuts, elle a évolué ensuite vers une synthèse originale qui tient compte des apports de la psychanalyse mais les utilise dans une approche thérapeutique différente.

Voyons ce qui la caractérise. Sur le plan théorique, beaucoup de références sont proches de la psychanalyse : nous utilisons aussi les termes de «transfert», «inconscient», «projection», «refoulement», etc. Mais dans le processus même de la psychothérapie émotionnelle des différences apparaissent. Nous pouvons les regrouper autour de quatre grands axes principaux

- le choix de l'émotion comme voie privilégiée
- les «mises en situation»
- la relation thérapeute-patient
- la place du langage en psychothérapie émotionnelle

1 Choix de l'émotion comme voie privilégiée

L'outil de la psychanalyse, c'est le langage. L'exploration personnelle s'opère à travers le jeu des mots, des associations mentales, l'interprétation des rêves, etc. L'émotion n'en est pas absente, mais il est plus important de l'analyser que de la laisser se développer. La plupart des cabinets d'analystes ne sont d'ailleurs pas équipés pour que vous puissiez crier et pleurer à votre aise.

Comme son nom l'indique, la psychothérapie que nous pratiquons privilégie au contraire l'émotion. Plusieurs raisons viennent expliquer ce choix.

La première, c'est le souci de disposer plus pleinement de l'outil émotionnel. Beaucoup d'entre nous, du fait de l'éducation reçue et du contexte social dans lequel nous vivons, ont un esprit surdéveloppé par rapport à leur maturité affective. Très tôt, souvent trop tôt, on nous a appris à nous déterminer plus en fonction de principes, d'idées «raisonnables», de «il faut» - qu'en fonction de nos besoins réels. Autrement dit, on nous a mis des limites extérieures au lieu de nous laisser faire notre propre expérience du monde; un enfant qui pique une colère et qui constate que le monde ne s'écroule pas pour autant en gagne une grande sécurité intérieure. Par contre, s'il a du refouler sa violence sous l'effet de menaces imprécises (quelle honte ! ce n'est pas possible une si vilaine petite fille ! si tu cries je ne t'aime plus, etc.) - il en gardera adulte une grande peur de laisser s'exprimer ses propres émotions. Se méfiant d'elles, il cherchera sans arrêt à s'en défendre, à les justifier.

D'où l'importance de développer à côté de l'outil

«esprit», l'outil «émotions». Humainement parlant, penser et sentir relèvent d'expériences différentes, non remplaçables l'une par l'autre (et dans «sentir» il faut encore distinguer les manifestations émotionnelles et corporelles qui peuvent être dissociées). On peut donc dire que nous pouvons appréhender les autres ou nous-mêmes de différentes façons : mentale, sensorielle, émotionnelle.

S'il y a une concordance entre ces trois modes de connaissance, nous sommes proches d'une harmonie intérieure qui est source de bien-être. Si au contraire il y a discordance entre nos sentiments et nos idées, nous en souffrons.

La psychothérapie émotionnelle nous apprend à faire confiance à ce que nous ressentons, à laisser s'exprimer nos émotions, à nous en servir pour nous connaître et nous donner les moyens d'aller mieux.

Deuxième raison de notre choix : toucher la source des vrais changements. L'expérience montre que ce qui nous touche profondément nous transforme plus durablement que les idées, le savoir. Pour des gens qui sont beaucoup «dans leur tête», l'analyse risque de renforcer cette tendance : après des années passées sur le divan, ils sont capables de vous expliquer en long et en large leurs problèmes, sans que leur vie en ait été concrètement changée. Quelque chose en eux est resté séparé, le pont entre la compréhension intellectuelle et le contenu émotionnel qui s'y rattache n'a pas été franchi.

Aussi notre hypothèse de travail est-elle que vivre pleinement une situation est au moins aussi important que la comprendre pour être délivré de ses effets.

Prenons un exemple simple pour illustrer cela.
Imaginez que lors d'une guerre vous ayez été confronté à un danger très intense, comme un bombardement ou une attaque soudaine. Sur le moment vous êtes resté presque anesthésié, immobile ou au contraire très actif pour chercher un abri. Vous aviez besoin alors de tout votre sang-froid pour réagir, ressentir pleinement votre peur aurait risqué de vous paralyser et de vous laisser sans défense. Vous vous en êtes coupé à votre insu. Et puis la guerre s'est terminée. C'est alors que sont apparus des cauchemars, des angoisses irraisonnées. Intellectuellement vous pouvez comprendre que ce sont là des séquelles du traumatisme subi. Mais tant que cette peur qui a été «court-circuitée» n'aura pas été vraiment revécue et exprimée, elle profitera de la moindre occasion pour se faire ressentir.

Transposons maintenant cet exemple à ce qui peut se passer chez l'enfant. L'analogie n'est pas gratuite, car un bébé est placé dans une situation comparativement aussi vulnérable. Il dépend en effet totalement de ses parents pour survivre. Un rejet de leur part peut provoquer chez lui une frayeur si intolérable qu'il ne peut se permettre de la ressentir complètement sous peine de se trouver psychiquement et physiquement en danger. Une coupure intérieure a eu lieu, un peu comme sous l'effet d'un trop fort courant. Mais le traumatisme subi a laissé son empreinte dans l'esprit et dans le corps : crainte d'être quitté, difficultés relationnelles, etc. Les défenses qui ont été bénéfiques autrefois sont devenues inadaptées pour l'adulte. Il continue à se protéger de la même façon contre un danger qui n'existe plus. La psychothérapie peut alors l'aider à exprimer cette peur jadis refoulée et à retrouver une plus juste estimation de la réalité. En laissant l'enfant terrifié qui est en lui crier son angoisse, l'adulte découvre que les autres sont moins effrayants qu'il ne croyait, il cesse de vouloir leur attribuer la source de sa peur.

Ainsi, en cours de thérapie, nous constatons que lorsque les sentiments qui sont à la racine d'un comportement sont touchés, des choses se mettent spontanément à changer dans notre vie, sans même que nous ayons à le décider.

Ce qui nous amène à la troisième raison de notre choix : l'émotion est une voie d'accès directe à l'inconscient, c'est à dire à cette part de nous-mêmes qui nous dirige souvent à notre insu - et qui nous met dans des situations que nous n'avons pas voulu, du moins nous semble-t-il.

Supposons que participant à un groupe, vous vous sentiez très irrité par l'une des femmes présentes. Au lieu de vous laisser analyser les caractères que vous n'aimez pas chez elle, ce qui servirait simplement à justifier votre colère, nous vous encourageons à exprimer directement votre émotion, à le vivre dans toute sa subjectivité. Cela vous conduit alors à découvrir que la source de votre colère est en vous et non dans l'autre, et vous allez pouvoir vous adresser à la personne réellement concernée. Parti de «tu m'énerves avec ton ironie» qui s'adresse au membre du groupe, vous allez aboutir à «maman, cela me fait mal que tu te moques de moi». Peut-être votre révolte va-t-elle alors se teinter de tristesse en rencontrant aussi votre impuissance d'enfant : vous fâcher contre votre mère, c'est aussi risquer de perdre son amour. Mieux valait vous taire, comme cela s'est passé si souvent depuis.

L'émotion devient alors fil conducteur de tout un vécu refoulé qui commence à réapparaître d'une façon particulière à chacun. Elle s'associe à des thèmes personnels, comme si chaque individu avait sa propre musique.

Dans un groupe par exemple, vous découvrez que d'autres ont fait des expériences semblables aux vôtres : ils ont connu la peur d'être rejeté, le besoin de tendresse, la difficulté d'exprimer leur colère, la solitude. Et chaque personne exprime ces sentiments à travers des images différentes. La solitude pour l'un sera vécue à travers le thème du désert, pour un autre ce sera l'image d'une prison qui traduira le mieux son émotion; un troisième dira : «Je me sens comme un étranger dans un pays inconnu». Ce sont ces mots, ces rêves, ces «fantasmes», ces histoires qui accompagnent vos émotions, les réveillent, et vous remettent en contact avec votre histoire personnelle telle qu'elle s'est inscrite en vous. Nous sommes attentifs à respecter ces variantes individuelles, à les utiliser et à les mettre en valeur, car c'est là un aspect très enrichissant et créatif dans une thérapie.

Imaginons une fille de marin dont la naissance n'était pas désirée et qui par la suite a lutté toute sa vie pour se faire accepter. Dire «j'arrive contre vents et marées» peut faire surgir bien plus d'émotions chez elle que simplement : «je ne me sens pas désirée». De même, accepter de mimer une bête en cage qui tourne et se débat peut vous donner un contact bien plus profond avec vous- mêmes que dire «je me sens limité» - si du moins c'est là un thème qui vous parle. L'important est de trouver la voie originale qui vous mène vers vos émotions refoulées.

Accepter de ressentir en vous ces émotions que vous avez pris l'habitude de nier ou d'ignorer entraîne des répercussions dans votre vie de tous les jours. Peut-être allez-vous soudain ressentir l'étouffement d'une vie étriquée et prendre des options nouvelles; ou bien si vous ne vous mettez jamais en colère, vous allez réaliser toutes les situations où vous vous «faites avoir». Et votre entourage a la surprise de voir se rebeller l'ami si conciliant.

Cette écoute de l'émotion nous amène à nous méfier de l'intellect qui peut nous conduire à nous mentir à nous-mêmes. Il est plus difficile de tricher avec ses émotions, encore qu'une émotion puisse parfois en masquer une autre. Il ne s'agit pas pour autant de perdre la tête et le sens critique. Il est important de rester vigilant, d'accompagner consciemment ce qui s'exprime, mais sans l'empêcher ni le détourner. En suivant la chaîne des émotions, il est possible de remonter aux situations initiales qui nous ont fait mal.

Quatrième hypothèse de travail : l'émotion est aussi ce qui relie le corps et l'esprit. Agir à ce niveau entraîne donc une double répercussion, qui fait l'objet d'un certain nombre de recherches scientifiques actuelles, notamment aux Etats Unis.

Supposons par exemple que votre patron vous convoque dans son bureau. Cela peut créer chez vous un certain nombre de pensées :
«Qu'est-ce qu'il me veut ? Est-ce pour mon augmentation ? Etc.» Si par ailleurs il se trouve que vous avez eu un père très tyrannique et que vous en avez gardé une certaine crainte vis-à-vis des représentants de

l'autorité, vous allez peut-être aussi éprouver une peur disproportionnée par rapport à l'évènement. Votre coeur va alors s'accélérer, vous allez pâlir, rougir, trembler, tandis que votre esprit échafaude mille hypothèses pouvant justifier vos inquiétudes. Rien d'étonnant à ce que répété dix à vingt fois par jour ce phénomène finisse par créer des perturbations durables au niveau de l'organisme. Inversement, si ayant engagé une psychothérapie vous éliminez la plus grande partie de votre peur en l'exprimant, il y a des chances pour qu'une régulation physiologique s'ensuive (rétablissement d'une mauvaise circulation, digestion améliorée, perte de poids...) - dans les limites bien sûr des capacités de régénération de votre corps. De même, votre esprit se fatiguera moins à trouver des raisons pour justifier vos émotions.

Voyons maintenant le deuxième axe qui caractérise la psychothérapie émotionnelle et la distingue du processus analytique.

2 Les mises en situation

Nous entendons par là un certain nombre de situations qu'il est possible de vivre dans le cadre thérapeutique : par exemple avoir un contact physique avec le psychothérapeute ou avec des membres du groupe, ou bien pouvoir exprimer directement son agressivité en frappant sur des matelas, etc.

La dynamique de la psychanalyse est essentiellement basée sur la frustration. L'autre, l'analyste, renvoie au manque, au vide, à la séparation.

En psychothérapie émotionnelle, nous pensons que frustrer quelqu'un qui meurt de soif n'est pas forcément une bonne façon de l'aider. Il vaut sans doute mieux lui donner d'abord un verre d'eau avant qu'il apprenne à se servir. Il est des gens qui ont tellement manqué dans leur enfance qu'ils ne sentent même plus à quel point ils ont besoin. A ceux-là, il faut parfois un long temps de chaleur, de contact, avant qu'ils puissent même accéder à leur propre souffrance et se donner les moyens de rétablir des relations satisfaisantes avec les autres.

En psychothérapie émotionnelle, le fait de pouvoir communiquer à un niveau très primaire (toucher, faire un son, des gestes), de se découvrir et de s'exprimer à travers un vécu sensoriel (respirer, étouffer, avoir mal au coeur), permet de remonter à des périodes très précoces dans le développement de l'enfant, antérieures même à l'acquisition du langage. C'est en acceptant, adulte, des manifestations souvent insaisissables pour l'intellect que l'on peut retrouver un contact très profond avec soi-même.

Nous donnons d'ailleurs une place moins prépondérante que la psychanalyse à la sexualité dans le développement de la personne. Elle prend place à nos yeux à côté d'autres besoins au moins aussi fondamentaux : besoin de nourriture, de contact, de chaleur, etc.

Prenons l'exemple d'une femme qui lors d'une séance ressent l'envie de vomir. Nous l'engageons à «rentrer» dans cette sensation et à laisser monter ce qui s'y associe. Une expression de dégoût apparaît sur son visage, puis ses mains semblent repousser quelque chose tandis qu'elle détourne la tête. Pour l'aider à être encore plus en contact avec son vécu, le thérapeute approche un coussin qu'elle cherche alors à écarter. Encouragée à s'exprimer, elle se débat, se congestionne, produit des sons étouffés qui peu à peu se transforment en des cris de rage, puis en des «non, non». Sur le champ ou par la suite, une connexion se fait pour la patiente entre cette envie de vomir et des scènes de son enfance où sa mère la nourrissait à heures et quantités fixes, sans tenir compte de ses besoins réels. Enfin la petite fille en elle peut hurler ce refus qu'elle a du taire autrefois et qu'elle n'a pu manifester qu'à travers son corps. Et dans la vie quotidienne, cette nausée pourra éventuellement être ressentie comme un signal d'alarme à chaque fois qu'elle acceptera quelque chose contre son envie réelle.

En psychothérapie émotionnelle nous vous incitons à prendre en compte tout ce qui se manifeste, même si vous n'en comprenez pas le sens au premier abord. Vouloir mettre d'emblée des mots sur une expérience, c'est bien souvent la limiter, voire même l'empêcher d'advenir. De plus c'est vous qui à travers votre vécu faites le chemin vers la compréhension; si réellement vous sentez dans votre corps à quel point votre mère vous a étouffé, vous n'avez nul besoin des interprétations du thérapeute.

Accepter de ressentir ce qui vous a manqué, c'est aussi libérer un besoin mis en attente depuis des années et pouvoir le vivre.

Imaginons que vous êtes un homme qui n'a que des relations très distantes avec les autres hommes en général. Il y a des chances pour que vous reviviez cela avec les participants masculins du groupe et avec le psychothérapeute si c'est un homme. Et votre façon de vous «mettre en situation» va dépendre de vos sentiments : refus du contact, agressivité plus ou moins directement exprimée, si vous réagissez contre un père trop violent et autoritaire - impuissance à vous rapprocher des autres, à connaître des échanges affectifs si votre père fut au contraire très absent. Dans tous les cas, le fait de pouvoir vivre pleinement la situation va vous faire ressentir que quelque chose vous a manqué étant enfant. La tristesse de votre manque affectif une fois exprimée libère une disponibilité pour le présent. Il est possible alors que vous puissiez faire l'expérience de modes de relations nouveaux dans le groupe, à travers des contacts physiques, des échanges affectifs, etc.

3 La relation patient-thérapeute

Dans notre pratique, il est évident que le thérapeute n'occupe pas la même position que l'analyste par rapport au patient.

Pas de «neutralité», mais au contraire une présence qui ne se réduit pas à une écoute. Si nous pouvons nous faire miroir à certains moments, ce n'est pas notre seul rôle. Nous sommes aussi des figures parentales qui laissons les projections se faire, les provoquons même parfois, et les utilisons pour mettre en situation le problème du patient. Ce qui donne à chacun la possibilité de rejouer la façon dont il a cherché à se faire aimer : être faible pour attirer la protection, faire rire pour plaire, cacher sa féminité pour éviter la rivalité, etc. etc. C'est en même temps l'occasion de prendre conscience du prix payé intérieurement pour obtenir cet amour et de réaliser sa dépendance par rapport aux autres.

Le thérapeute est quelqu'un qui à travers son propre chemin, a appris à faire confiance en ce qu'il sent. Nous avons acquis une certaine liberté intérieure par rapport à nos émotions, c'est à dire que nous sommes, idéalement parlant, capables de les accepter, de les vivre, sans nous y identifier. Nous cherchons à être présents totalement à la situation, avec tout ce que nous sommes en tant que personnes, et nous veillons à ne pas aller contre ce que nous sentons. Sans vouloir systématiquement tout dire, nous pouvons choisir d'exprimer notre sentiment

Si par exemple un patient éveille en nous une réaction de rejet, nous pouvons le lui dire. Ce n'est pas toujours facile à entendre pour la personne concernée, mais cela peut soudain la mettre en contact avec une situation beaucoup plus ancienne. Dans tous les cas, la relation y gagne en réalité et en vérité. Et un rapport difficile, dans lequel les choses sont dites, vaut mieux qu'un rapport faux ou pas de rapport du tout.

Enfin nous avons pour rôle de faire respecter le cadre et les règles de la thérapie. Ces limites, acceptées de part et d'autre, constituent une protection, un repérage, et aussi le moyen de rencontrer les vraies difficultés. Dans la vie nous pouvons toujours nous dire que ce sont les autres qui nous rendent malheureux, et fuir les vraies sources de nos problèmes. C'est plus difficile dans un cadre où tout est fait pour nous renvoyer à nous-mêmes.

Disons encore quelques mots du groupe, qui est un outil très important de la thérapie émotionnelle. Si nous l'utilisons autant que possible, c'est que dans bien des cas il se révèle plus efficace que le travail individuel.

Dans un groupe sont multipliées les occasions de transfert, de projection, de rencontre - et cela dans un espace où chacun essaie d'abord d'être là pour soi. Chaque participant bénéficie du travail des autres, même si ce n'est pas toujours conscient, et se transforme intérieurement à leur contact. De plus, un groupe est une représentation symbolique de la famille, et au-delà, du groupe social. Parce que c'est un lieu où les risques de s'exprimer sont moindres qu'à l'extérieur, on peut se montrer davantage. La structure souple des groupes permet à chacun d'y installer ses comportements propres, ses modes de relation. Certains y vivent un sentiment d'exclusion ou d'étrangeté. D'autres, sous une facilité superficielle, rencontrent la peur de se faire voir vraiment. Tout cela évolue, amène à des prises de conscience, des changements.

4 La place du langage en psychothérapie émotionnelle

Certains d'entre vous nous posent parfois avec inquiétude la question suivante «alors, dans votre thérapie, on ne parle pas?».

Bien sûr que si ! Mais nous sommes attentifs à ne pas dissocier le sens des mots de leur «couleur», c'est à dire de leur contenu émotionnel. Vous n'êtes pas un ordinateur, et si vous nous débitez d'un ton monocorde une série de constatations sur votre vie, il y a des chances pour qu'à ce moment là vous ne soyez pas très en contact avec vous-mêmes. Peut-être allons-nous vous interrompre pour vous demander d'exprimer avec un son, un geste, un cri, le message émotionnel qui reste bloqué. Et vos mots deviendront alors à nouveau porteurs d'une charge affective.

Nous avons une écoute de ce que vous dites semblable à celle des psychanalystes, mais nous mettons la parole au service de l'émotion. Elle est là pour la traduire, la provoquer, s'associer avec toutes vos manifestations corporelles et affectives. Ainsi, il ne suffit pas de dire «je me sens triste» pour vous libérer de ce sentiment refoulé. Mais il peut être nécessaire de répéter cette phrase jusqu'à laisser monter l'émotion et tout ce qui s'y associe : sanglots, pleurs, images - pour vous conduire jusqu'à l'origine de votre tristesse.

Nous vous apprenons à vous écouter vous-mêmes, à entendre si ce que vous dites concorde bien avec ce que vous ressentez. Si vous affirmez : «je ne suis pas en colère» d'un ton coupant et en serrant les poings, il y a manifestement quelque chose que vous vous refusez d'exprimer. En groupe, les gens qui ont déjà acquis une certaine maturité dans la thérapie sont sensibles à ces messages contradictoires et vous renvoient ce que vous ne voyez pas ou ce que vous ne voulez pas voir «mais si, je te sens en colère»...

D'une façon générale nous vous demandons de vous impliquer affectivement dans ce que vous exprimez : la question rituelle est : «qu'est-ce que tu sens» et non «qu'est-ce que tu penses». Cela ne vous empêche pas pour autant de garder un esprit critique et de chercher à comprendre ce qui se passe.

La place du langage dans la psychothérapie émotionnelle mériterait une étude plus approfondie. Dans le cadre de cette brochure nous limitons volontairement notre ambition.

Les outils de la psychothérapie émotionnelle

Premier entretien

Les personnes qui désirent engager une psychothérapie émotionnelle prennent un rendez-vous individuel avec l'un d'entre nous.

Ce premier contact nous permet de faire connaissance, d'entendre votre histoire, vos motivations, d'évaluer le coût des séances, de décider de l'approche qui vous convient (en individuel ou en groupe), ainsi que des horaires. Nous ne pratiquons pas de tarif fixe et nous décidons ensemble du prix que vous paierez en fonction de vos revenus, de vos charges; nous tenons compte aussi de l'importance que vous donnez à l'argent. La décision de travailler en groupe ou en individuel dépend de ce qui semble le plus approprié à vous aider là où vous en êtes.

Nous prenons réciproquement l'engagement moral d'un travail régulier à raison d'une séance par semaine ou plus si vous le désirez et si cela nous parait souhaitable. Pourquoi un engagement, pour vous inciter à venir, à vous exprimer et à ne pas prendre la fuite dès les premières résistances. «Aujourd'hui j'ai un rhume», «telle personne du groupe m'énerve», «j'ai peur du thérapeute», etc. C'est précisément là que votre présence est nécessaire si vous voulez remonter à la source de vos malaises. Et pour vous y aider nous faisons payer toute séance manquée sans raison valable. La psychothérapie émotionnelle n'est pas une méthode miracle, ce qui s'est enregistré et accumulé depuis des années ne peut se défaire du jour au lendemain. Nous constatons qu'un travail régulier pendant une année est un minimum pour obtenir des changements durables.

Le Groupe

1 Votre arrivée

S'il a été décidé que vous commencez en groupe, vous venez donc en journée ou en soirée participer à une séance qui durera de deux à trois heures suivant le nombre de personnes. Votre arrivée n'est soumise à rien de formel, vous pouvez dire votre prénom, la raison de votre présence, ou attendre, écouter, voir et sentir le moment où vous avez envie de vous impliquer. Votre nom de famille est tenu secret si vous le désirez. Pour un nouvel arrivant, un groupe de thérapie émotionnelle peut paraître au premier abord très déroutant et apparemment anarchique. Dans d'autres groupes utilisant une technique différente, le fonctionnement est assez structuré, c'est à dire qu'une seule personne travaille avec l'attention du thérapeute et du groupe, et cela à tour de rôle. Ici au contraire les participants sont encouragés à s'exprimer dès qu'ils ressentent quelque chose, ce qui de l'extérieur peut donner l'impression d'une réunion où personne n'écoute personne. C'est que chacun est là pour soi, et cherche à faire son profit de tout ce qui se passe, de tout ce qui réveille un écho en lui-même. Néanmoins il est toujours possible pour une personne qui le désire d'avoir l'attention du thérapeute ou du groupe.

2 Les règles

La psychothérapie émotionnelle se pratique dans le cadre de règles que nous faisons respecter.

- **pas de jugement de valeur** : vous pouvez dire à un participant qu'il vous emmerde, donc exprimer votre sentiment, mais pas le traiter de «salaud». Si vous jugez l'autre par un qualificatif quelconque, vous ne vous montrez pas. Il est plus facile de dire à un enfant «tu es méchant», que «tu me déranges»; mais en dehors du fait que vous ne vous définissez pas en fonction de vous-mêmes, vous risquez de l'enfermer dans une image dangereuse pour lui.

- **pas d'agression physique** contre les autres ou contre soi- même. Cette règle dans le groupe correspond aussi à une réalité sociale. Si volontairement vous blessez une personne, vous êtes passible d'être jugé et condamné. Frapper l'autre ou vous-même ne vous aide pas à changer. Il vaut mieux exprimer ce que vous sentez et remonter à l'origine de «pourquoi autant d'agressivité».

- **pas d'actes sexuels**. Il ne suffit pas de faire l'amour avec dix partenaires différents pour avoir une vie affective et sexuelle épanouie. Nous préférons pour un résultat durable vous aider à résoudre les conflits affectifs qui peuvent être à l'origine de vos difficultés. Le but est que vous puissiez vivre une sexualité satisfaisante sans avoir besoin pour cela d'un groupe ou d'un thérapeute.

- **respect du secret de la thérapie**. Nous vous

demandons de respecter le secret sur les informations entendues pendant la séance et qui mettent en cause une ou plusieurs personnes. Nous pensons que c'est une sécurité et l'un des aspects importants de la liberté individuelle que ce droit au secret.

Nous considérons que la non observation de ces règles constitue des passages à l'acte qui en général ne vous permettent pas d'apprendre, de changer. Aussi nous les sanctionnons en fonction de leur importance. Cela peut aller d'une simple amende (offrir une friandise au groupe) à l'exclusion momentanée ou définitive du groupe.

Dans le cadre de ces limites vous pouvez ainsi expérimenter la relation à l'autre en exprimant ce que vous sentez, colère, peur, haine, jalousie, peine, désir, avoir des contacts physiques - tout en vous sentant suffisamment protégé pour oser faire l'expérience et aller au-delà de vos peurs et de vos limites.

3 Le travail sur soi comment ?

Dans le mot «travail» il y a la notion d'un effort nécessaire parce que l'on ne retrouve pas magiquement une tristesse, une colère, des sentiments depuis si longtemps refoulés. Le fil conducteur, l'instrument de cette approche, c'est ce que vous sentez dans le moment présent. Nous vous encourageons à profiter de toutes les occasions pour vous exprimer. A cette fin nous pouvons vous conseiller la répétition d'un mot ou d'une phrase-clé dans votre histoire. A un autre moment, nous vous engageons à dire avec un son ou un cri le malaise mal défini que vous ressentez. Nous sommes attentifs à votre respiration, à la position de votre corps à un moment donné, et nous vous montrons comment en tirer parti pour vous-même. Les interactions entre participants, les projections et transferts, la dynamique du groupe sont utilisés pour vous aider à vous exprimer. Chacun est confronté avec la façon dont il prend sa place ou non. Demander l'attention, rencontrer l'autre, ce n'est pas facile, mais s'oublier c'est bien plus douloureux.

Ce qui fait la richesse d'un travail de groupe, entre autres choses, c'est la possibilité de rencontrer des êtres humains dans la relation vraie. Nous ne sommes pas les seuls à avoir des problèmes et qu'il n'est pas honteux de les exprimer. Le groupe est un moyen, non un but, un instrument de travail qui permet de retrouver symboliquement et concrètement un passé (votre famille), le présent (vos relations difficiles avec votre entourage affectif et professionnel). Vous rejouez ici ce que vous avez fait ou ce que vous faites à l'extérieur; vous le vivez, vous le sentez, vous l'exprimez pour vous en libérer, vous l'intégrez pour changer.

En début de thérapie, nous vous encourageons à vivre les émotions que vous avez refoulés étant enfant et adolescent. Peut-être de la haine et de la colère envers votre père ou votre mère, ou un besoin d'amour insatisfait. Comprenez qu'il ne s'agit pas de faire le procès de vos parents ou de votre entourage, mais de vous libérer des difficultés, des limites dont ils peuvent être responsables de par leurs comportements et leurs erreurs. La démarche que vous faites n'est pas contre eux mais pour vous.

4 Le rôle du thérapeute

Le thérapeute est là comme guide qui peut vous aider à trouver une direction et à exprimer votre ressenti. Nous veillons à ce que vos paroles ne soient pas négatives pour vous-même ou pour la personne du groupe concernée. Notre rôle est aussi de faire respecter les règles qui vous protègent. Il est enfin de vous renvoyer à vous-même et de mettre en évidence vos blocages.

Le travail en individuel

Une séance individuelle dans l'esprit se déroule de la même façon. C'est un contact privilégié avec le thérapeute, qui ne doit pas s'éterniser en début de thérapie. Cela pour vous éviter le risque de trop vous sécuriser et de ne pas aborder en profondeur vos difficultés. Plus tard le travail individuel peut être l'occasion d'une autre démarche permettant d'aborder plus intensivement un aspect de votre recherche. Il est possible enfin de conjuguer un travail en individuel et un travail de groupe.

Marathons

Une fois tous les deux ou trois mois nous vous proposons une séance qui commence à vingt deux heures, généralement un vendredi, et qui se termine le lendemain matin ou après midi. Le marathon débute par un partage où chacun essaie d'exprimer où il en est, ce qu'il ressent dans le moment présent, et ce qu'il attend de ce travail. Puis nous passons à un exercice de respiration (hyperventilation) dont le but est de permettre à l'énergie de circuler, de dissoudre nos blocages et nos tensions en laissant le corps et les émotions s'exprimer. Phénomènes de paralysie, douleurs, peurs, étouffements, colère, peine, désir, joie, autant d'éléments qui peuvent survenir et que l'on est encouragé à «laisser sortir». Puis nous enchaînons avec d'autres exercices dont l'un d'eux, dit «de renaissance», consiste à passer entre des matelas. C'est une situation symboliquement très riche qui peut aussi bien nous renvoyer à des vécus de naissance qu'à nos comportements habituels : lutter ou se résigner, nous laisser étouffer ou respirer, s'enfermer ou aller vers l'autre, etc. Nous faisons ensuite une pause pour nous restaurer avec un repas préparé par le thérapeute. C'est souvent un moment gratifiant. Après cette interruption, le travail reprend selon l'approche habituelle en groupe. Un marathon est l'occasion de faire un pas important dans son évolution personnelle car la nuit, consacrée habituellement à notre sommeil, est un moment où l'inconscient cherche à se manifester (à travers les rêves par exemple). De plus la fatigue permet une relâche des défenses, et donc un travail plus profond. Pour participer à un marathon, il faut toutefois être prêt à en profiter, c'est à dire essentiellement avoir déjà engagé une thérapie qui nous a permis de nous «ouvrir» émotionnellement.

Week-ends

Ils se déroulent de façon semblable. La différence se situe surtout dans le rythme, puisque le travail se répartit sur deux jours dont une nuit de sommeil; ce qui donne le temps à chacun de mûrir ses difficultés et de les exprimer au moment où il se sent prêt. Cette formule permet aux patients qui résident loin d'engager un travail suivi une fois par mois.

Une recommandation importante

Après une séance de thérapie émotionnelle, en groupe ou en individuel, évitez l'erreur de faire passer dans le quotidien ce que vous avez réalisé, ressenti, compris.
Laissez passer quelques jours, voire quelques semaines pour dire ou faire ce qui découle de votre séance et d'un temps d'élaboration, d'assimilation nécessaires.

Difficultés dans la thérapie

Elles peuvent être de tous ordres : projections négatives sur le thérapeute qui ne répond pas à vos demandes d'amour, difficultés avec votre entourage qui vit mal votre évolution, indisposition passagère qui vous sert de prétexte pour ne pas venir à la séance de thérapie. Vous pouvez aussi passer par des moments difficiles parce que remis en contact avec des souvenirs et des sensations douloureuses.

Engager un travail sur soi ne comporte pas que des périodes ingrates; c'est aussi l'occasion de sentir une progression vers plus de joie, de bonheur, de liberté.

Nous terminons avec une petite histoire symbolique destinée à vous encourager à persévérer.

Deux grenouilles sautent de concert dans un champ. Par bonds successifs elles se retrouvent dans la cour d 'une ferme. Un bond les fait se retrouver pataugeant dans une jarre de lait aux bords très lisses. Au bout d'une heure de nage impuissante, l'une d'elle dit à l'autre : «nous n'en sortirons jamais». L'autre l'encourage : «mais si, allons nage, c'est une question de temps. Continue.» Stimulée, l'autre reprend espoir et se remet à nager. Au bout d'une nouvelle heure, toujours la même : «je n'y crois plus, je n'y arriverai jamais.» Et elle se laisse couler au fond et se noie. L'autre continue ses efforts, toute la nuit elle nage et le matin se retrouve sur une motte de beurre qui d'un bond lui permet de retrouver sa liberté.

DANS UNE RECHERCHE

Avertissement

Si pour nous-mêmes notre recherche spirituelle est venue dans le prolongement de la thérapie, cela n'implique pas pour autant qu'engager une psychothérapie conduit systématiquement à la spiritualité. Les motivations, si elles peuvent changer en cours de route, ont un point commun pour chacun : être mieux dans sa peau, c'est à dire être heureux de vivre, de boire, de manger, de faire l'amour, de goûter une musique ou un spectacle, de profiter de ce que la vie nous offre. La psychologie occidentale ne va pas plus loin. Répondre à d'autres questions telles que : «qui suis-je ? Quel est le sens de la vie ?» appartient aux philosophes et aux religieux. Notre civilisation se veut avant tout scientifique et soucieuse de neutralité, de respect de la liberté de l'autre.

Pourtant, dans notre expérience, la façon d'être et de travailler des thérapeutes est conditionnée par leur philosophie de la vie. Toute théorie, y compris la psychanalyse, est sous-tendue par une métaphysique de l'homme, et la psychothérapie émotionnelle n'échappe pas à cette constatation.

Valorisation du moi

Un des postulats de la psychothérapie émotionnelle, et aussi de nombreux enseignements philosophiques, est que nous souffrons d'une dévalorisation de nous-mêmes et que nous sommes identifiés à «je suis petit, coupable, misérable, incapable, laid, etc.». Notre expérience va dans le sens de cette affirmation : nous sommes et devenons ce que nous pensons. Interrogez-vous en effet sur ce que vous pensez de vous-mêmes, et regardez votre vie qui en est le miroir et le reflet. L'exemple de notre entourage, l'image que l'on nous a renvoyé de nous-mêmes, une éducation moralisante fondée sur la notion du bien et du mal sont responsables de ces identifications. Par ailleurs, nous sommes confrontés à nos aspirations, besoin d'amour, désir de liberté, de réussite, de bonheur. Si bien que nous sommes divisés par des conflits intérieurs quasi- permanents. Nous bloquons ainsi une énergie considérable avec les conséquences que cela entraîne : fatigue, pertes de mémoire, difficultés à se concentrer, état d'indécision, découragement, somatisations diverses, etc.

Parallèlement ou non à une démarche spirituelle, la psychothérapie émotionnelle nous aide à nous libérer de ces conditionnements, de ces programmes inscrits en nous, à nous découvrir tels que nous sommes et non tels que nous nous pensons. Elle nous apprend à nous déterminer en fonction de nous-mêmes et non des autres ou d'une morale. Pour un homme ou une femme qui a de nombreuses aventures par exemple, ce qui nous parait important n'est pas de savoir si c'est bien ou mal, mais plutôt si il ou elle y trouve de la joie ou de la tristesse, de la satisfaction ou de la déception. La réponse peut être différente d'un individu à l'autre. Nous apprenons à nous fier à ce que nous ressentons et non à un stéréotype de bonheur.

Apprendre à s'aimer, avec ses particularités, ses goûts propres, ses faiblesses aussi, constitue le fil conducteur de ce chemin. Etant davantage en contact avec nous-mêmes, ayant intégré de façon positive notre histoire personnelle, nous voyons plus clairement ce qui contribue à notre bonheur. Parce que nous déformons moins la réalité, nous devenons plus aptes à en profiter en fonction de notre personnalité. Suivre cette voie ne veut pas dire nier toute la haine, les désirs de mort, les découragements qui nous habitent. S'aimer implique au contraire reconnaître en soi tout ce qui se manifeste, même si c'est à l'encontre de nos principes et de nos attentes. Ne rien refuser de voir, de sentir, d'expérimenter de ce que nous sommes. Toute l'énergie employée à refuser certains aspects de nous-mêmes, à les nier, se trouve alors libérée. Et vivre profondément en accord avec soi est source de paix et de joie.

Précisons qu'aimer tout en soi ne signifie pas réaliser systématiquement toutes ses envies : si tout est permis, tout n'est pas profitable, et blesser votre voisin peut avoir des conséquences pénales. Mais au moins autorisez-vous à regarder ces désirs que vous vous cachiez à vous-mêmes.

Moi et l'autre

Plus vous progressez dans l'amour de vous-même, et plus vos relations avec les autres risquent de s'en trouver changées. Vous devenez en effet de moins en moins dépendant de leur estime, de leur reconnaissance. Inversement vous êtes davantage capable d'aimer, car vous attendez moins de l'autre. Vos relations deviennent un échange, non une façon de remplir un vide.

S'aimer, c'est aussi accepter ses limites, et d'une façon générale celles que notre environnement nous posent. Pour prendre un exemple simple, dans l'effort que nous pouvons demander à notre corps, il y a une limite à notre résistance. Si nous ne la sentons pas, ou si nous la sentons et que nous ne la respectons pas, nous risquons une déchirure musculaire, une hernie, ou un accident. De même, les limites, les lois d'une société, les règles d'un groupe de thérapie émotionnelle sont là pour faciliter, apprendre la relation à l'autre, nous protéger. Même si elles ne remplissent pas toujours ce rôle, elles existent, et les méconnaître implique des conséquences. Notre but n'est pas de vous adapter mais de vous responsabiliser. A vous ensuite de choisir, en connaissance de cause et d'effet, ce qui vous satisfait le plus.

Etre responsable, c'est une conception exigeante de la liberté. Car s'il est vrai que chacun d'entre nous dispose d'un certain nombre de données : facteurs héréditaires, histoire personnelle et sociale, chacun aussi est le seul à pouvoir choisir la façon de les utiliser, de leur donner un sens. Et cela peut nous amener à nous poser d'autres questions, à quoi sert ma vie ?

Qui suis-je?

Si vous essayez de répondre à cette interrogation, il y a des chances que ce soit d'abord en termes d'identifications. Nous entendons par «identification» le fait de se définir à travers un rôle, une image, une profession, une qualité, etc. Par exemple : «je suis la femme de untel, je suis le directeur de la société X, je suis blonde, je suis une artiste, je suis la fille de tel père et de tel mère», etc.

Au cours de tout processus thérapeutique, un premier travail consiste à reconnaître toutes ces images, à les explorer, et aussi à découvrir que vous continuez à exister même si elles se modifient. Par exemple vous pouvez être heureux même si vous perdez votre situation, si vous divorcez, si votre projet le plus cher ne se réalise pas. Autrement dit vous ne vous «identifiez» plus totalement à une ou plusieurs images - comme le célèbre cuisinier Vatel qui se suicida pour un repas manqué. Vous apprenez à vous aimer et à vous estimer tel que vous êtes, que vous ne fassiez rien ou que vous soyez hyperactif, que vous réussissiez socialement ou non, etc. Vous distinguez ce que vous êtes de ce que vous faites.

Si vous voulez aller plus loin dans la connaissance de vous-même, vous arrivez à un certain nombre d'identifications dont il est plus difficile de se défaire : j'ai un corps de femme ou d'homme, j'ai un certain nombre de talents, de dispositions affectives, intellectuelles, physiques, qui sont le fruit de mon histoire et de mon hérédité. Je peux les améliorer, apprendre à jouer le mieux possible de cet instrument que je suis, de ce »moi» que j'essaie de connaître et d'aimer, non en changer. Mais ce (moi» reste toujours menacé : le vieillissement, la mort, les facteurs extérieurs qui m'échappent le mettent en danger et mon bonheur reste précaire. Ce sont là les limites de la psychologie occidentale.

Amour du «soi»

Or des maîtres, des saints issus de toutes cultures et traditions enseignent que nous pouvons avoir accès à un bonheur total, à un état d'être qui se situe «au-delà du moi», c'est à dire de notre identité personnelle limitée, l'état de témoin. C'est ce que la psychologie occidentale ouverte désigne sous le nom d' «états transpersonnels». Chacun à notre échelon nous avons fait l'expérience de ces moments privilégiés et rares, instants de félicité, d'extase, de paix. Pour certains c'est devant la beauté d'un paysage, d'une oeuvre d'art, pour d'autres un élan amoureux, ou une sorte de conscience sereine après un choc affectif, ou une joie très intense. Mais cet état a duré très peu de temps et ces maîtres en sagesse nous proposent de le vivre en permanence. Cet «au- delà du moi» porte des noms différents qui essaient tous de cerner une même réalité dont le nom varie en fonction des différentes traditions Dieu, l'Essence, l'Energie, la Conscience, le Soi, etc.

Les voies pour y parvenir sont exigeantes et diffèrent selon les traditions et aussi les dispositions propres à chacun. Celle que nous avons choisie est venue pour nous comme un prolongement de l'itinéraire déjà suivi puisqu'elle est l'apprentissage de l'amour du Soi. Le Soi, ou quel que soit le nom qu'on lui donne, n'est pas à nos yeux une notion abstraite qui nous est extérieure, mais une réalité et une intelligence qui existe en nous ainsi que dans chaque atome de l'univers. Développer notre personnalité, notre «moi», dans ses potentialités limitées et pourtant précieuses, devient le moyen d'accéder à cette dimension infinie, à ce bonheur illimité.

Au centre d'un processus thérapeutique dans la mesure où il s'agit d'une remise en question profonde, des interrogations sur le sens de la vie, de la souffrance, de la mort, surgissent toujours. S'il ne nous appartient pas d'y répondre pour vous, il nous parait essentiel par contre de pouvoir en parler.

En conclusion, nous pensons que vous pouvez engager une psychothérapie émotionnelle pour votre bien-être personnel et cela sans préoccupation métaphysique. Si vous suivez une religion ou un enseignement spirituel, la psychothérapie émotionnelle peut vous aider à écarter les obstacles pour vous rendre le chemin moins long en vous permettant de faire votre profit de vos erreurs et de vos expériences. Nous ne sommes pas obligés de choisir les voies les plus difficiles.

BIBLIOGRAPHIE

L'expérience dépressive, d'Yves Prigent, éd. Desclée de Brouwer

La voie du coeur, de A. Desjardins, éd. La Table Ronde

Sur les traces de Siddharta, de Thich Nhat Hanh, éd. Pocket

Mes pouvoirs sont en vous, de M. Carayon, éd. Le Courrier du Livre

SOS Suicide ou comment ne pas se suicider, de M. Carayon,

Psychothérapie Emotionnelle
Pour qui ? Pour quoi ? Comment ?
De Elisabeth de Saint Basile et Michel Carayon

Printed by Books on Demand GmbH, Norderstedt / Germany